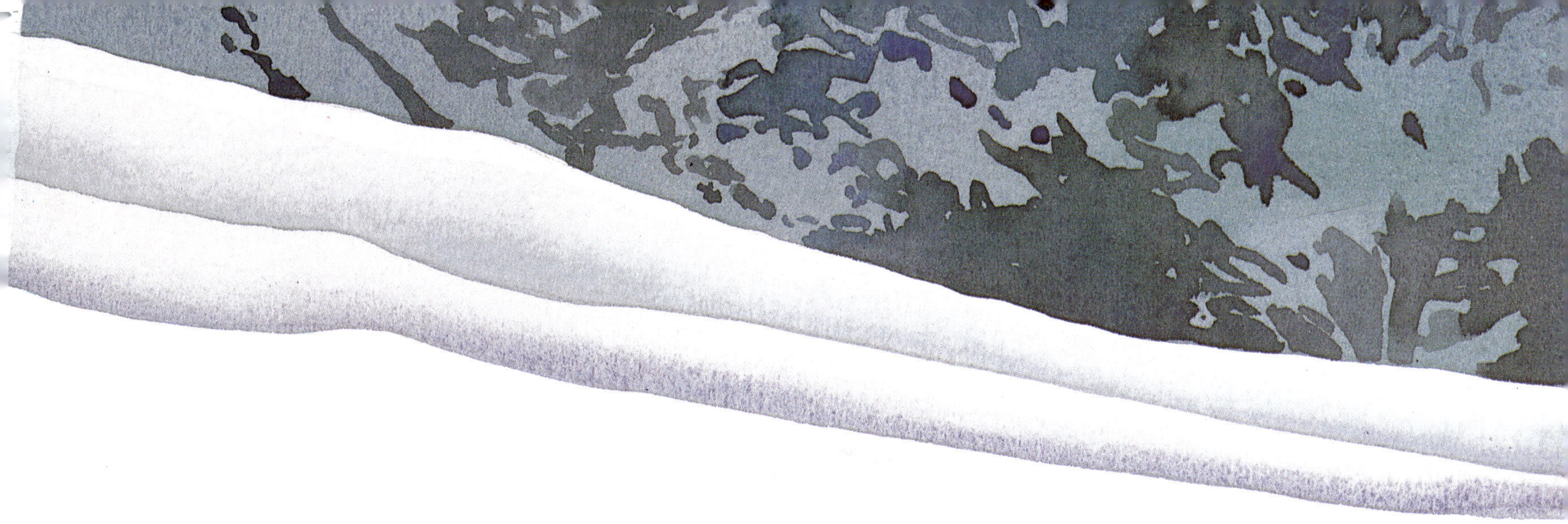

LES DIAMANTS DE LA GRANDE OURSE

DEUX OURSONS DES PYRÉNÉES

– Qu'il est long à venir ce printemps !

Les oursons s'impatientent. Ils sont nés cet hiver au creux de la tanière. Depuis, mère-ourse leur raconte le Monde : dehors il y a... le soleil, les framboises, les bouvreuils... les Diamants de la Grande Ourse !

... Mais, comment, à partir du noir et du silence de la caverne, décrire le bleu du ciel, le chant des oiseaux, le parfum des sapins... ou l'éclat des Diamants de la Grande Ourse ?

A un petit quelque chose dans son corps, dans la lueur et les bruits étouffés qui pénètrent la caverne, mère-ourse sent que le printemps est là.

En quelques coups de patte elle défonce la neige qui, depuis l'automne, fermait l'entrée de la tanière.

— La Grande Ourse ! murmure Totchou, la main déjà tendue vers les beaux diamants.

— A nous le Monde ! s'écrie Totch en bousculant son frère. Et déjà la Grande Ourse s'est évanouie, pulvérisée en mille glaçons étincelants par Totch qui vient de plonger à travers les stalactites.
Il roule maintenant dans la grande pente enneigée, bientôt suivi de Totchou qui dévale à plat ventre.

Les yeux fermés, Totchou laisse le Monde lui rentrer par tout le corps, les oreilles, les narines...Une grande vague de chaleur tiède, moelleuse, inonde son pelage : le soleil. Et puis, régulièrement une petite caresse de fraîcheur, le vent, passe sur son museau et le fait frissonner

Le vent, qui, par de petites vagues, fait monter vers lui un flot de musiques et d'odeurs encore mélangées, claires ou graves, sucrées ou entêtantes...

– Que c'est grand, que c'est doux et délicieux le Monde ! Plein de caresses, de sons et d'odeurs.

Totch ouvre les yeux. Au début il est comme dans une grande boule de lumière éblouissante. Les Diamants de la Grande Ourse dansent tout autour de lui. Puis lentement, ce flot de lumière brûlante s'ordonne en grandes taches de couleur : le bleu étincelant du ciel, la neige, plus bas les verts sombres ou clairs de la forêt et des pâturages...

Que c'est beau le Monde !

Les couleurs, les formes, les bruits se précisent, se complètent : cet entêtant parfum de résine et ce bruissement doux lorsque le vent agite les grandes masses vert foncé ; ce sont les sapins. Plus loin, hors de vue, mais si perceptibles à l'oreille et au nez, ces tintements musicaux et cette puissante odeur animale, ce sont les brebis et leurs clochettes. Cette odeur un peu aigre, c'est celle des bidons où le berger vient de fabriquer le fromage...

Et puis, juste à côté, ces musiques, ces odeurs, si fines, si nettes...

Totch a bondi au milieu de dizaines de petites corolles jaunes, pendant que Totchou, les yeux fermés, s'en emplit les narines : un suave et puissant parfum qui lui fait presque tourner la tête. Il se gave de l'odeur des narcisses.

Tsiou... Tsiou... Tsiou
Ce petit chant flûté, ces notes régulièrement espacées ? Totchou lève le nez. Il cueille une toute petite odeur.
Il reconnaîtra maintenant entre mille la chanson et le parfum si particuliers de ce petit point rouge que nous appelons, nous les hommes, le bouvreuil.

– Qu'est-ce que c'est, juste à côté, cette petite odeur d'eau et de froid qui bouge, qui saute ?
– Oh !... Une grosse tache de froid humide vient de se poser sur le nez de Totchou. Il ouvre grand les yeux.
Là, sur son nez, s'est posée une grenouille...
– Ce n'est pas un caillou normal, doit-elle se dire, et elle s'empresse de quitter son perchoir.

– Attrapons-la ! Totch et Totchou la poursuivent à petits bonds.

Plouf - PLOUF - PLOUF

La grenouille a sauté dans l'eau, suivie des deux oursons.

– Les Diamants de la... Totch a vu passer la Grande Ourse dans les perles d'eau étincelant au soleil, mais déjà elle a disparu avec la grenouille dans le ruisseau redevenu paisible.

– Mais non, leur assure mère-ourse qui les a rejoints, attendez ce soir pour découvrir les Diamants...

– Et ce joli bouquet de points rouges !
Totch a sauté.
– Aïe... Qui m'attaque ? La bête lui égratigne le museau, le pique sous les pattes. Plus l'ourson se défend plus l'ennemi le déchire, l'enserre dans ses griffes.
GROUMPF...
Totch se sent saisi par la peau du cou et délivré de la bête. Sauvé ! C'est mère-ourse qui vient de le pêcher avec ses dents au milieu du buisson d'églantier.

Pendant ce temps Totchou croque les petites baies rouges. Il y découvre une saveur délicieuse : d'abord le goût du sucré, régal qu'il retrouvera dans les myrtilles, les framboises, les mûres... le miel. Et puis, derrière, le parfum unique, tout à fait particulier, du fruit de l'églantier.

– Sentez, sentez bien...
Les deux oursons se sont assis, nez en l'air.
– Flairez et rappelez-vous. Cette odeur, c'est celle de l'homme, celui qui va sur deux pattes et parfois porte un fusil. Lui, je reconnais son odeur, c'est Michel, le jeune berger....
Hmm... Hmm... Aujourd'hui il porte un parfum de champignons, de mousserons.
Cachons-nous, il ne nous sentira pas. Les hommes sont comme les oiseaux, ils ont les yeux perçants, mais ne savent ni écouter, ni sentir, ni observer les petites choses. Ils croient connaître le monde en le regardant du bout des yeux.

En effet Michel passe tout près, son panier à la main, sans se douter de la présence de nos trois ours.

– Mais alors, les hommes, ils ne connaissent rien s'ils ne savent pas distinguer le sanglier à ses traces, l'oiseau à son chant, les sapins ou les ours à leur odeur, dit Totch, tout fier de se trouver plus savant que les hommes.

Un grand jet d'odeur vient de sauter au nez de Totch et de Totchou. Ils flairent, narines frémissantes...

– Là-bas ! Maman est assise près d'une énorme fourmilière qu'elle vient de bousculer de la patte. Totchou se précipite et se penche sur les grosses fourmis. L'odeur, violente, brûlante, lui pique le nez et les yeux. Il en pleure un peu.

Totch, plus raisonnable, imite sa mère. Il pose sa patte sur la fourmilière. Aussitôt un immense chatouillement envahit ses petits doigts grouillants de fourmis. Il lèche avec délice sa main, croquant les gros insectes dont la saveur lui picote délicieusement la langue...

... Il replonge la patte pour continuer à s'enivrer de ces petits bonbons acidulés. Il reconnaîtra maintenant, même de fort loin, de nuit comme de jour, la délicieuse odeur des fourmis.

Le soleil va bientôt disparaître. Totch écarquille les narines. Une odeur chaude et résineuse monte de la cabane du jeune berger. L'ourson hume délicatement le parfum de feu de genévrier.

Soudain, rougeoyants dans le soir, sortent de la cheminée... Les Diamants de la Grande Ourse.
– Maman les...
Mais, en montant doucement dans le ciel, s'éteignent un à un les Diamants !

La pénétrante odeur des sapins est partout dans la forêt. Les oursons y baignent comme dans une douce lumière. Mais voici qu'un parfum plus intense apparaît entre les arbres. Maman se dirige droit dessus. Il sent de plus en plus fort, avec... avec une odeur d'ours !
Sur le sapin fraîchement lacéré coule de la résine, emprisonnant quelques longs poils frisés et une puissante odeur d'ours.
– Qui c'est Maman ?

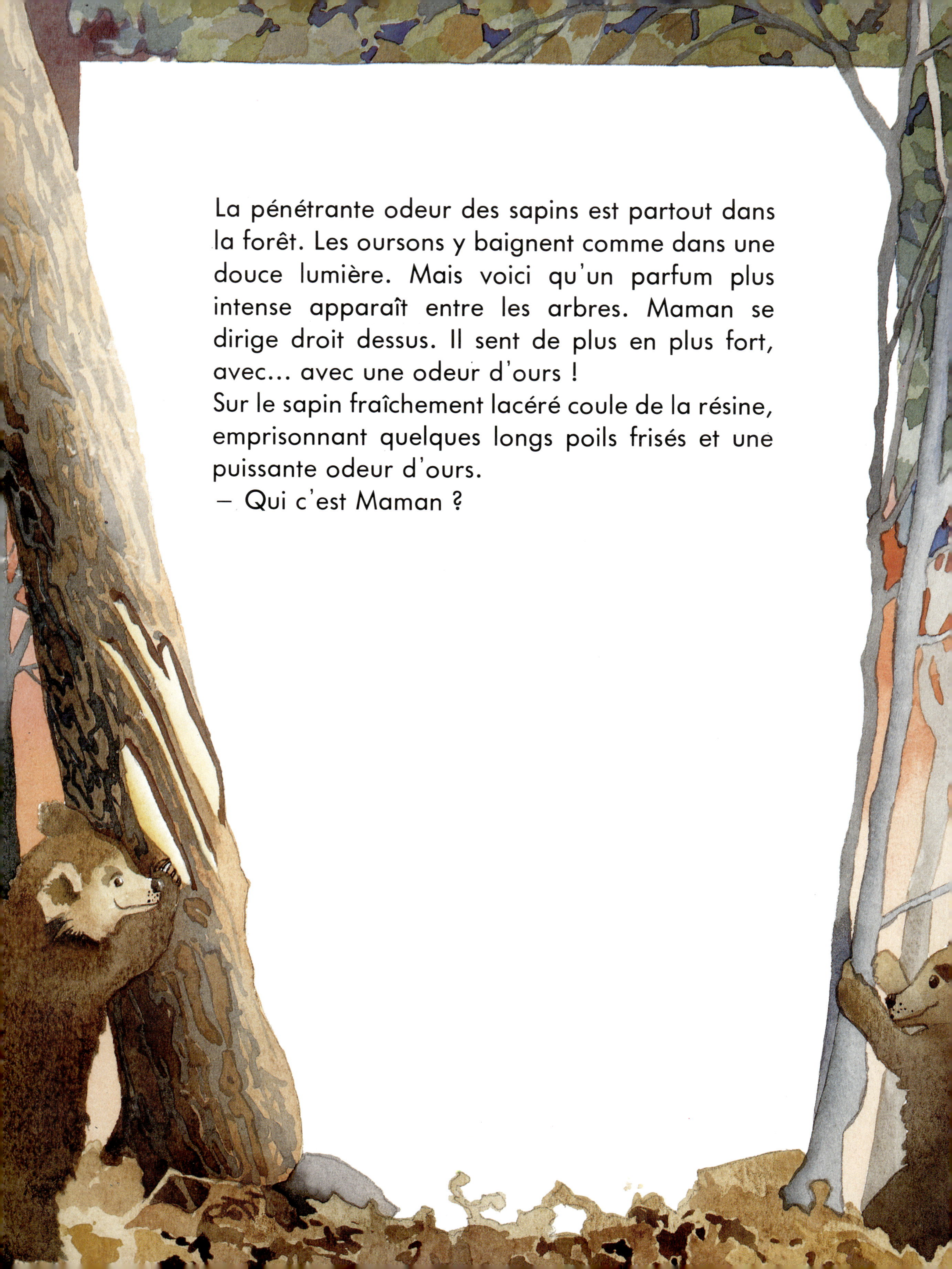

– C'est Martin, un de vos cousins, qui nous a signalé son passage. Allez, les jumeaux, inscrivez-vous, comme moi.
Totch donne un coup de griffes pour déchirer un peu d'écorce. Puis, il se frotte contre le tronc, abandonnant dans la résine quelques poils et, surtout, l'imprégnant fortement de son odeur.

– Voilà. Martin, quand il repassera, aura de mes nouvelles... et il saura que j'ai cette année deux petits oursons. Les hommes s'envoient des lettres et des photographies, nous, les empreintes de notre odeur.

– Ecoute, sens, Totch !
Un léger froissement dans les feuilles mortes a mis Totchou en éveil.
Le nez en avant il flaire vers ce bruit.
– Ça sent un animal...
Les oursons commencent à reculer. Ils le sentent si près, si grand et si gros. La bête, curieuse, s'approche, ses deux deux grandes oreilles et ses bois pointus tournés vers les oursons.
– Maman !
Rien. Ils sont seuls...

RHEU... RHEU...

Deux cris sonores poussés par le Monstre, achèvent de terroriser les petits qui détalent. Mais, c'est aussi un cri de peur car le chevreuil a soudain senti l'ourse. Il s'enfuit en quelques bonds, alors que les oursons se blottissent contre leur mère.

La nuit est complètement tombée. Un froid presque rapeux saisit les narines. Les bruits et les odeurs sont plus présents, plus clairs encore que le jour :
Le ruisseau, les sapins, mais aussi la fine odeur du renard, ou cette autre, plus âcre, mêlée à celle de la terre retournée, celle du sanglier...
Et puis...

Là, posés sur la neige gelée,
étincellent les Diamants de la Grande Ourse.

Totch et Totchou rampent lentement vers la Grande Ourse enfin à leur portée. Elle étincelle sur la neige. Mais à mesure qu'avancent les oursons, les diamants s'éloignent à petits bonds, réapparaissent, toujours plus loin, toujours plus haut sur la grande pente de neige...

– Mais levez donc franchement la tête ! Leur dit mère-ourse.

Eclatants, piquetés sur le velours bleu du ciel, scintillent les vrais Diamants : les étoiles de la Grande Ourse !

– Il les connaît, Michel, les Diamants de la Grande Ourse ? demande Totch.

– Tu sais, si on apprenait aux petits des hommes le chant des oiseaux, l'odeur des pins, la trace du renard, le goût de l'églantier ; si on leur apprenait, la nuit, à écouter et sentir, le nez dans les étoiles... alors ils sauraient tous les secrets de la Grande Ourse.

...UNE HISTOIRE VRAIE

• LES OURS DES PYRENEES

- Ils sont encore une quinzaine dispersés en plusieurs noyaux le long de la chaîne pyrénéenne à avoir survécu et à vivre totalement libres et sauvages.

- L'ours mâle pèse jusqu'à deux cents kilos et plus, alors que la femelle ne pèse qu'une centaine de kilos... ce qui est déjà conséquent.

• LA TANIERE ET LA NAISSANCE

Les ours hibernent à peu près de novembre à avril.
Les oursons naissent l'hiver à l'intérieur de la tanière dont l'entrée est obstruée par la neige. Ils découvrent donc le monde d'un seul coup, en sortant de la tanière, vers le mois de mai alors que fondent les neiges et fleurissent les narcisses.
Ils resteront plus d'un an encore avec leur mère, apprenant la vie, ses plaisirs et ses dangers. C'est au début de l'été suivant qu'ils prendront définitivement leur autonomie.

• LES SENS

- L'ours utilise les mêmes sens que nous mais, le récit le montre bien, pas dans le même ordre d'importance.

• L'odorat est son principal sens de connaissance du monde. C'est essentiellement par des odeurs et des parfums qu'il se représente les choses :
nourriture, dangers, congénères etc...

• L'ouïe est un sens capital, sens d'alerte qui lui permet de repérer au loin le danger, homme ou chien, bien avant parfois de l'identifier par l'odorat.

• Contrairement à notre perception la vue est relativement faible et ne semble pas lui servir de façon très déterminante. Par contre il voit presque aussi bien la nuit que le jour et, comme nous, il distingue les couleurs.

• Le toucher : l'ours est fort attentif aux sensations de chaud et de froid, de sec et humide : sieste paresseuse au soleil, attention à ne pas se mouiller les pieds en passant sur troncs et cailloux pour éviter le chemin boueux ou la traversée du ruisseau, confection d'une couche ou d'un nid, frais l'été, sec l'hiver sont des comportements fréquents.

• Le goût, enfin, est certainement développé. Les scientifiques les plus rigoureux reconnaissent à l'ours des Pyrénées quelque chose comme de la gourmandise dans son attrait, par exemple, pour le goût acidulé des fourmis ou pour les framboises qu'il cueille délicatemment, du bout des lèvres... ou, ce qui nous est moins habituel, dans sa passion pour les viandes faisandées et les asticots.
- Les arbres griffés : leur explication est encore controversée mais il semble bien que lorsque l'ours griffe un sapin et s'y frotte, c'est en grande partie pour y laisser son odeur, sorte de carte de visite ou photo d'identité, à l'attention des autres ours, sans que cela soit forcément agressif. Et il est vraisemblable, sans que cela soit démontré, que les individus puissent clairement se reconnaître entre eux, « Dominique », « Martin », ou « Margotine », grâce à cette odeur.
- La fourmilière : les ours raffolent de ces grosses fourmis rousses des bois. L'examen de leurs excréments montre qu'ils ont une méthode efficace pour trier les fourmis de la masse des aiguilles, sable, cailloux de la fourmilière.
- L'églantier : en fait, l'ours en consomme plutôt en début d'hiver qu'au printemps. Les oursons ne consomment pas de fruits et fourmis dès leur sortie de la tanière. L'ours est un omnivore qui, selon les saisons, mange tout ce qui est disponible : herbe au printemps, myrtilles et framboises en été, puis, faines du hêtre et glands en automne, mais aussi fourmis, charognes de bêtes sauvages... et bétail domestique. C'est une cinquantaine de brebis (surtout), chèvres et vaches tuées ou dévorées par les ours que le Parc National rembourse tous les étés aux éleveurs.

• PROTECTION ET SURVIE

- Les derniers ours des Pyrénées sont menacés de disparition et seule une protection efficace de leurs derniers refuges pourrait rendre possible leur survie. Il est urgent d'obtenir de telles garanties si l'on veut que les enfants d'aujourd'hui puissent lire cette histoire à leurs propres enfants... au présent et non à l'imparfait.

Pour en savoir plus sur l'ours des Pyrénées : livres, dossiers pédagogiques, montages diapositives etc... F.I.E.P. - B.P. 508 - 64010 PAU UNIVERSITE CEDEX

LA GRANDE OURSE

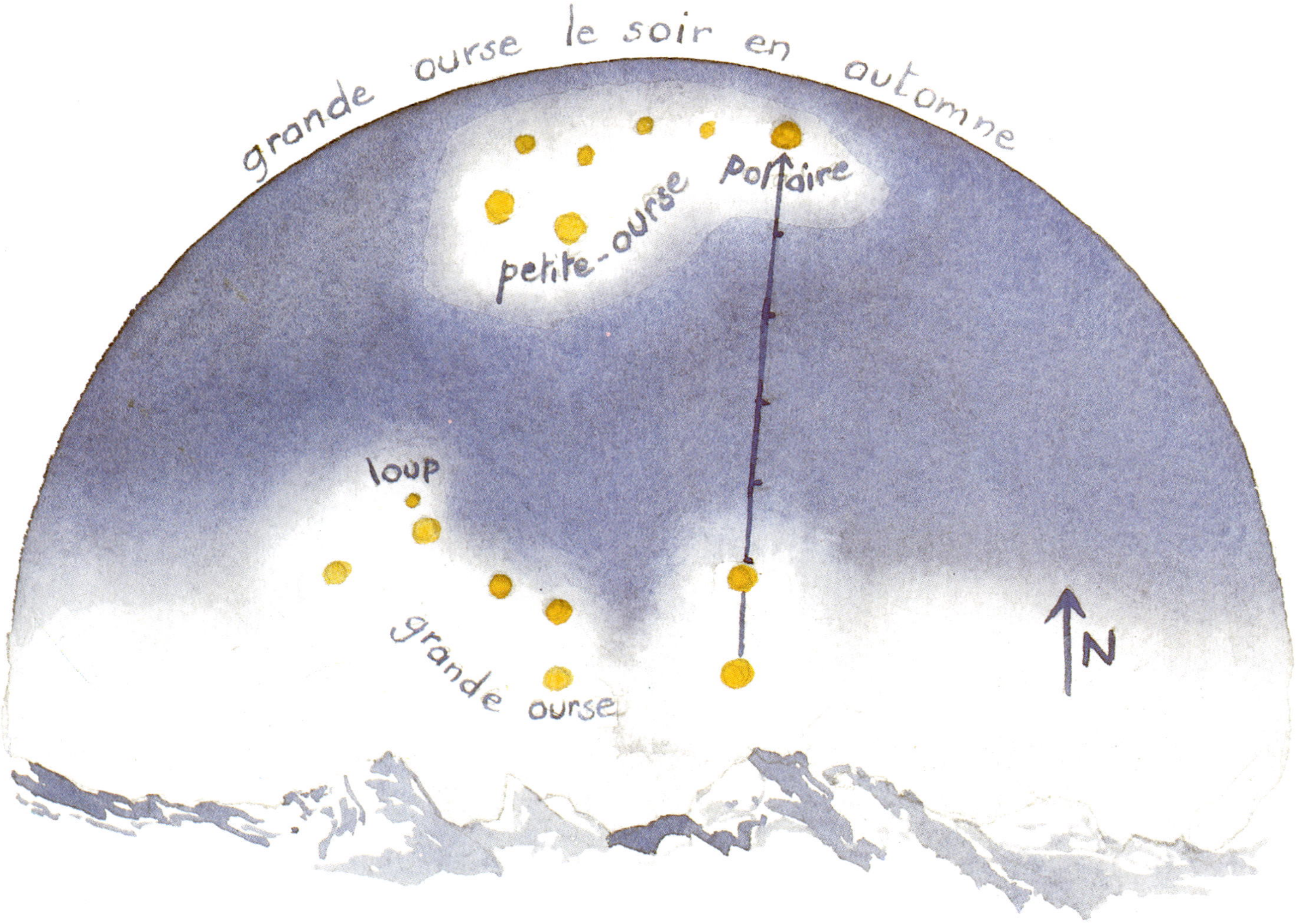

• Il suffit pour la repérer de chercher sa forme la nuit, vers le Nord. Attention sa forme est immuable mais sa position, dans le ciel, change avec les heures et les saisons. Pour trouver l'étoile polaire, prendre la direction des dernières étoiles de la « casserole » et compter cinq fois la distance entre ces deux étoiles, vers le dessus de la casserole (voir schéma).

Au-dessus de la deuxième étoile de la « queue » de la casserole : une minuscule étoile. Cherchez-la. Dans les Landes, on l'appelle « Le Loup » : un homme menait une paire de boeufs tirant une charrette. Un loup mangea l'un des boeufs. L'homme l'attela à sa place. Depuis l'on voit : d'abord l'homme (1ᵉ étoile), puis le boeuf et le loup (2ᵉ étoile et sa minuscule compagne), le timon (3ᵉ étoile), et les quatre étoiles de la charrette, tout de guinguois car le boeuf tire plus fort que le loup.

Apple Inc., One Apple Park Way, Cupertino, CA 95014 USA